BEI GRIN MACHT SICH IHR WISSEN BEZAHLT

- Wir veröffentlichen Ihre Hausarbeit, Bachelor- und Masterarbeit

- Ihr eigenes eBook und Buch - weltweit in allen wichtigen Shops

- Verdienen Sie an jedem Verkauf

Jetzt bei www.GRIN.com hochladen und kostenlos publizieren

GRIN

Entwicklungspotenziale der Medizintechnik durch den Einsatz von künstlicher Intelligenz

GRIN

Bibliografische Information der Deutschen Nationalbibliothek:

Die Deutsche Nationalbibliothek verzeichnet diese Publikation in der Deutschen Nationalbibliografie; detaillierte bibliografische Daten sind im Internet über http://dnb.d-nb.de abrufbar.

ISBN: 9783346514554
Dieses Buch ist auch als E-Book erhältlich.

© GRIN Publishing GmbH
Nymphenburger Straße 86
80636 München

Druck und Bindung: Books on Demand GmbH, Norderstedt Germany
Gedruckt auf säurefreiem Papier aus verantwortungsvollen Quellen

Das vorliegende Werk wurde sorgfältig erarbeitet. Dennoch übernehmen Autoren und Verlag für die Richtigkeit von Angaben, Hinweisen, Links und Ratschlägen sowie eventuelle Druckfehler keine Haftung.

Das Buch bei GRIN: https://www.grin.com/document/1138468

FOM Hochschule für Oekonomie & Management

Hochschulzentrum Bonn

Seminararbeit

im Studiengang IT-Management

im Rahmen der Lehrveranstaltung
Interdisziplinäre Aspekte der Wirtschaftsinformatik

über das Thema

Entwicklungspotenziale der Medizintechnik durch den Einsatz von künstlicher Intelligenz

Inhaltsverzeichnis

Abbildungsverzeichnis

Abkürzungsverzeichnis

BfArM	Bundesinstitut für Arzneimittel und Medizinprodukte
BMWi	Bundesministerium für Wirtschaft und Energie
BVMed	Bundesverband Medizintechnologie
CT	Computertomographie
EHR	Electronic Health Record, zu Deutsch elektronische Patientenakte
KI	künstliche Intelligenz
MEVIS	Fraunhofer-Institut für Digitale Medizin
MRT	Magnetresonanztomographie
PET	Positronenemissionstomographie
SPECT	Single photon emission computed tomography, zu Deutsch Einzelphotonen-Emissionscomputertomographie
NLM	National Library of Medicine

Glossar

Chirurgie ist eine mögliche Therapieform. In diesem Fall wird eine Krankheit operativ behandelt. Die Ausführung einer solchen Operation übernimmt ein Fachmediziner, welche in diesem Kontext auch als Chirurg bezeichnet wird. 9, 14

Diagnose bezeichnet in der Medizin Maßnahmen, welche darauf abzielen, aktive oder sich ankündigende Krankheiten zu bestimmen. Der Begriff der Erkennung von Krankheiten wird als Synonym verwendet. 3, 6, 7, 8, 11, 12, 14

Künstliche Intelligenz ist ein Teilgebiet der Informatik, welches sich wiederum in weitere Teilgebiete aufteilt. Künstliche Intelligenz zielt umgangssprachlich darauf ab, Maschinen intelligent zu machen (Vgl. *NILSSON, N. J.*, 2009, S. 13). Im englischsprachigen Raum wird von *artificial intelligence* gesprochen. 1, 3, 4, 5, 6, 7, 8, 11, 12, 13, 14, 15

Medizintechnik befasst sich mit der Entwicklung und Fertigung von Produkten, Geräten und Verfahren zur Prävention, Diagnose und Therapie von Krankheiten. Sie gilt als ingenieurwissenschaftliche Fachrichtung (Vgl. *SCHÄFER, K.*, 2018). 1, 3, 5, 11, 12, 14

Prävention bezeichnet in der Medizin Maßnahmen, die darauf abzielen, Erkrankungsrisiken zu verringern oder das Risiko komplett abzuschaffen. Grundsätzlich wird zuvor eine Diagnose erstellt, um die Krankheit und das damit verbundene Risiko zu identifizieren. Der Begriff der Vorbeugung von Krankheiten wird als Synonym verwendet. 3, 6, 8, 12

Therapie bezeichnet in der Medizin Maßnahmen, welche darauf abzielen, Krankheiten positiv zu beeinflussen. Grundsätzlich wird zuvor eine Diagnose erstellt, um die Krankheit zu identifizieren. Der Begriff der Behandlung von Krankheiten wird als Synonym verwendet. 3, 8, 9, 10, 11, 12, 13, 14, 15

1 Einleitung

Medizin – aus unserer heutigen Gesellschaft nicht mehr wegzudenken. Aufgrund der steigenden Lebenserwartung sowie der wachsenden Weltbevölkerung, steht das Gesundheitswesen vor zunehmend wachsenden Anforderungen und damit einhergehenden Veränderungen.

Die Technologie der künstlichen Intelligenz (KI) könnte Ärzte bei der Diagnose und Therapie unterstützen. Dabei vermag die Technologie einem Ärzteengpass entgegenzuwirken, eine Kostenerhöhung in der Gesundheitswirtschaft zu verhindern sowie im Allgemeinen die Versorgung der Patienten zu verbessern.

Mit möglichen Verbesserungsmöglichkeiten in der Medizintechnik durch die Verwendung von KI befasst sich diese Arbeit.

Der Schwerpunkt liegt in der Beantwortung der folgenden drei Fragestellungen:

- Wie sieht der Entwicklungsstand in der Medizintechnik zur KI aus?

- Wie könnte der Einsatz von KI in Bereichen der Medizintechnik in der Zukunft aussehen?

- Welche Hindernisse stehen dem Fortschritt von KI in der Medizintechnik im Weg?

Zunächst wird das methodische Vorgehen im Abschnitt 2 behandelt. Inhalt sind die eingesetzten Methoden und deren Nutzen zur Beantwortung der Fragestellungen.

In Abschnitt 3 werden die Begriffe Medizintechnik sowie künstliche Intelligenz mit speziellem Bezug zur Medizintechnikbranche geschärft.

Den Hauptteil der Arbeit bilden der vierte und fünfte Abschnitt. Darin werden zum einen der aktuelle Forschungsstand und zukünftig mögliche Entwicklungspotentiale der Medizintechnik aufgezeigt. Der vierte Abschnitt befasst sich mit den ersten beiden Fragestellungen und untermauert die Untersuchung mit Beispielen. Während Abschnitt 4 vorwiegend von einzelnen empirischen Forschungen ausgehend arbeitet, wird im fünften Abschnitt auf einer höheren Abstraktionsebene gearbeitet und somit die letzte Fragestellung beantwortet.

Zum Schluss erfolgen eine kritische Würdigung, eine Zusammenfassung und ein Ausblick zur Arbeit.

2 Methodik

In diesem Abschnitt werden die Methoden argumentative Analyse und Literaturrecherche dargelegt.

Bei einer argumentativen Analyse wird deduktiv geschlussfolgert und eine Theorie ist dazu der Ausgangspunkt. Anhand der Theorie werden Hypothesen getroffen, welche sich durch Untersuchungen ablehnen oder nicht-ablehnen lassen. Die Methode gestattet es Schlussfolgerungen zu ziehen bzw. Prognosen zu treffen aufbauend auf einer schlüssigen Argumentation (Vgl. *WILDE, T., HESS, T.,* 2007, S. 282). Diese deduktive Vorgehensweise in Kombination mit Fachliteratur erlaubt die Beantwortung der dritten Fragestellung, auch wenn die Frage selbst nicht in der Literatur behandelt wird. „Unsere Wissenschaft ist kein System von gesicherten Sätzen, auch kein System, das in stetem Fortschritt einem Zustand der Endgültigkeit zustrebt. Unsere Wissenschaft ist kein Wissen: Weder Wahrheit noch Wahrscheinlichkeit kann sie erreichen. [...] Alles Wissen ist nur Vermutungswissen" (Vgl. *POPPER, K. R.,* 1973, S. 223 f.).

Ausgangsbasis der Arbeit bildet eine qualitative Datenerhebung in Form einer Literaturrecherche. Die Literaturauswahl lief ohne Beschränkung auf einen bestimmten Publikationsart ab. Stattdessen wurde eine Masse von verschiedenen Recherche-Datenbanken konsultiert, auf welchen mit entsprechenden Suchbegriffen eine Selektion geschah. Übersichten zu den verwendeten Recherche-Datenbanken und Suchbegriffen befinden sich in Anhang 1. Nach der Identifikation von einer Schar passender Literaturquellen fand ein Schneeballsystem zur Selektion Anwendung. Dabei traf die Auswahl die Quellen, welche den zielführendsten Mehrwert versprachen. Weitere nebensächliche Gütekriterien für die Auswahl der Literatur waren: Begriffsklarheit, Publikationsart, Veröffentlichungsjahr, Verständlichkeit und Widerspruchsfreiheit. Die Bestimmung der Erfüllung dieser Gütekriterien begann stets mit dem Lesen der Zusammenfassung. Abhängig von der Passgenauigkeit der Literatur hinsichtlich der Zielstellung, wurde diese vertieft. Außerdem wurde ein Teil der verwendeten Literatur in anderen Modulen während des Studiums empfohlen. Bei der Beantwortung der Fragestellungen waren Forschungen und Prognosen in der Fachliteratur hilfreich, wo sich die Themengebiete schneiden. Neben den Anwendungsbeispielen wird auch themenspezifische Fachliteratur ohne Überschneidungen herangezogen.

3 Begriffsdefinition

Dieser Abschnitt stellt zunächst die beiden Themenschwerpunkt thematisch getrennt vor. Die Vorstellung der Überschneidungen geschieht zum Abschluss. Diese Arbeit beschäftigt sich mit den relevanten Kernbereichen der Themengebiete. Eine nähere Ausführung weiterer Punkte würde den Rahmen dieser Arbeit übersteigen.

In der Medizin sind seit jeher drei Anwendungen ein fester Bestandteil: Diagnose, Prävention und Therapie von Krankheiten. Die Medizintechnik, als Teilbereich der Medizin, befasst sich mit der Entwicklung und Produktion von Medizinprodukten für die drei Anwendungen und unterliegt dabei einer strengen Regulierung (Vgl. *Bundesinstitut für Arzneimittel und Medizinprodukte (BfArM)*, 2013b). Medizinprodukte finden zum Großteil eine physikalische Anwendung, dies bedeutet, dass sie entweder im oder am Körper Anwendung finden. Das Spektrum der Medizinprodukte reicht von Verbandmitteln bis hin zu komplizierten Untersuchungsgerätschaften. Dabei erfolgt eine Einteilung in vier Risikoklassen. Diese bestimmen über eine Datenerfassung und das Produktzulassungsverfahren sowie Anwendung am Menschen (Vgl. *BfArM*, 2013a). Die Branche zeichnet sich durch ihre Vielfalt und die Komplexität aus. Dies zeigen Berichte des Bundesverbands Medizintechnologie, laut diesen sind schätzungsweise circa 400.000 verschiedene Medizinprodukte in Deutschland genehmigt (Vgl. *Bundesverband Medizintechnologie (BVMed)*, 2020, S. 4). Die Medizintechnikbranche wächst stark und ist von kleinen und mittleren Unternehmen innerhalb Deutschlands geprägt (nach *Bundesministerium für Wirtschaft und Energie (BMWi)*, 2018, S.10). Anhand der Zunahme an Patentanmeldungen sowie großen Investitionssummen lässt sich ableiten, dass die Branche sehr dynamisch und hochinnovativ ist (Vgl. *BVMed*, 2020, S. 6). Durch den demografischen Wandel sowie die medizinische und technische Weiterentwicklung wird sich dieser Trend weiter fortsetzen. Prognosen zufolge wird ein jährliches Wachstum von knapp 6% bis 2024 erwartet (Vgl. *BVMed*, 2020, S. 7). In der Medizintechnik werden auch künftig bisher unbekannte innovative Anwendungsbereiche erschlossen.

Der Wortlaut künstliche Intelligenz (KI) unterliegt keiner klaren Definition. Allen Erschwernissen zu trotz probieren Akademiker eine universelle Erklärung für den Begriff der KI zu finden. *NILSSON* verwendet die folgende Formulierung zur Beschreibung von KI: „Artificial intelligence is that activity devoted to making machines intelligent, and intelligence is that quality that enables an entity to function appropriately and with foresight in its environment"(Vgl. *NILSSON, N. J.*, 2009, S. 13). Bereits in der gegenwärtigen Zeit finden wir in unseren privaten Routinen den Einsatz von Apples Siri, Amazons Alexa oder Google Home. Dabei handelt es sich um schwach ausgeprägte künstliche Intelligenzen. Im Gegensatz zu einer schwachen KI verfügt eine starke KI über menschenähnliche kognitive

Fähigkeiten, um automatisch im Zuge bisher unbekannter Probleme diese zu bewältigen. Zur Identifikation, ob es sich bei einer KI um eine starke KI handelt, gibt es den Turing-Test (Vgl. *PINAR SAYGIN, A., CICEKLI, I., AKMAN, V.*, 2000, S. 463). Diese nach dem Erfinder benannte Prüfung stellt fest, wann eine Maschine als „menschlich" anzusehen ist und gilt aufgrund dessen auch als umstritten.

Die Abbildung 1 thematisiert den historischen Verlauf von künstlicher Intelligenz. Darin wird das Thema in weitere Teilbereiche unterteilt wie Machine Learning und Deep Learning. Grundlegend basiert Machine Learning auf Mustererkennung in vorhandenen Datenbeständen und Algorithmen. Mit den daraus induktiv abgeleiteten Gesetzmäßigkeiten werden Lösungen entwickelt (Vgl. *LUBER, S.*, 2016; Vgl. *SCHNEIDER, F., WEILLER, C.*, 2018, S. 859). „Machine Learning is the study of computer algorithms that improve automatically through experience", mit dieser Wortwahl beschrieb *MITCHELL* Machine Learning (Vgl. *MITCHELL, T. M.*, 1997, S. 1). Für die Generierung von Erkenntnissen benötigt die Software Trainingsdaten, sowie Algorithmen und Regeln für deren Analyse. Diese Daten und Algorithmen müssen dazu durch ein vorheriges Handeln des Menschen erzeugt werden (Vgl. *ERTEL, W., BLACK, N. T.*, 2018, S. 181). Bei diesen neu gewonnenen Erkenntnissen bietet sich die Möglichkeit zur Verallgemeinerung an. Dadurch kann die Lösung auf andere unbekannte Problemstellungen angewendet werden und eine Datenverarbeitung ermöglichen (Vgl. *LUBER, S.*, 2016).

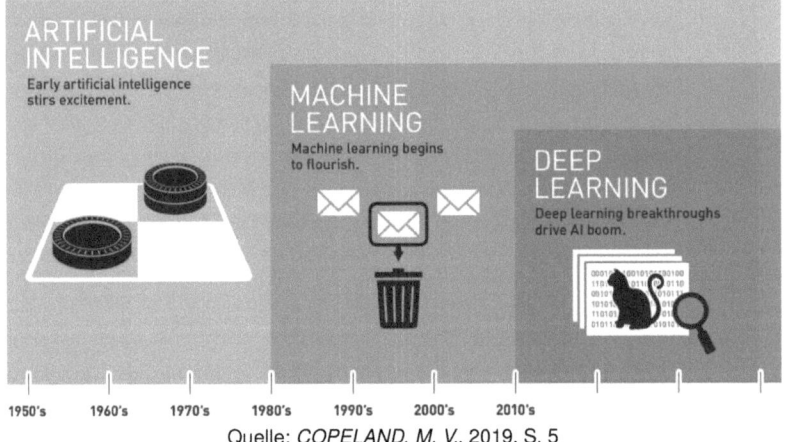

Quelle: *COPELAND, M. V.*, 2019, S. 5

Abbildung 1: Überblick zur künstlichen Intelligenz — eine grobe Übersicht über den zeitlichen Verlauf von künstlicher Intelligenz und dessen Teilgebiete.

Eine Anwendung für Machine Learning ist die Aufstellung effizienter Wartungspläne. Herkömmliche die Wartungsplanung sieht eine Wartung in zyklischen Intervallen vor. Mit einer „condition-based predictive maintanance" erfolgt die Wartung genau dann, wenn diese für das Gerät notwendig ist (Vgl. *ZHOU, X., XI, L., LEE, J.,* 2007, S. 530). Dies beruht auf einem Machine Learning Algorithmus, welcher zunächst mit Daten und Erfahrungswerten gefüttert werden muss, damit dieser im Anschluss in der Lage ist, die Wartungsplanung aufzustellen. Dies könnte bei der Wartung von medizinischen Geräten Anwendung finden. Ebenfalls könnten Algorithmen eingesetzt werden um Krebstumore zu erkennen. Die Algorithmen gleichen Bilder ab und bestimmen anhand von Erfahrungswerten das Ergebnis (Vgl. *BAUER, M., REITER, M.,* 2018, S. 60). Grundlegend lassen sich die Anwendungen von KI in der Medizintechnik in zwei Typen aufteilen: physische und virtuelle (Vgl. *HAMET, P., TREMBLAY, J.,* 2017, S. 37). Physischen Anwendungen befassen sich die mit der Steuerung von medizinischen Geräten, Applikationen oder Robotern. Während sich virtuelle Anwendungen auf das Lernen spezialisieren, durch das Sammeln von Erfahrungswerten (Vgl. *HAMET, P., TREMBLAY, J.,* 2017, S. 39). Beispielsweise handelt es sich beim Algorithmus zum Erstellen eines Wartungsplans, um eine solche virtuelle Anwendung.

4 Stand der Forschung

Der Abschnitt zeigt den aktuellen Entwicklungsstand und führt dazu exemplarisch Forschungsergebnisse auf. Anhand der Forschungsergebnisse werden Theorien abgeleitet, ein solches Vorgehen ist immer mit dem Induktionsproblem verbunden (Vgl. *POPPER, K. R.*, 1973, o. S.). Auch dieser Abschnitt ist durch den vorgegebenen Umfang auf die wichtigsten Inhalte begrenzt und beispielsweise Forschungen zur präventiven Herzkreislauf-Risikoidentifikation mittels Augenscan und zu einem KI-gestützten Videolivestream wurden außen vor gelassen.

Die Bedeutung der Erkennung von Krankheiten ist aufgrund der immer älter und zahlreicher werdenden Weltbevölkerung gewaltig. Dies belegen Ergebnisse aus dem Jahr 2010. Damals wurde durch den Einsatz von präventiven Screenings die Sterbewahrscheinlichkeit von Prostatakrebs um 20% gesenkt (Vgl. *BÖRGERMANN, C.* et al., 2010, S. 2399). Außerdem steigt durch den Einsatz von Screenings der verfügbare Datenbestand, welchen Mediziner in Betracht ziehen können. Rund 400.000 Studien nahm die U.S. National Library of Medicine im Zeitraum von 2000 bis heute auf (Vgl. *National Library of Medicine (NLM)*, 2019). Zur Verarbeitung dieser Informationsflut bietet sich die Nutzung von künstlicher Intelligenz an. *LIANG* et al. veröffentlichten eine Arbeit, welche sich mit einer maschinellen Krankheitserkennung befasst. Die KI in dieser Arbeit diagnostizierte anhand von elektronischen Patientenakten (EHR) in über 80% der Fälle die passende Krankheit (Vgl. *LIANG, H.* et al., 2019, S. 433). Das Workflow-Diagramm zur KI findet sich in der Abbildung 2. „Knowledge-based text" bezeichnet in der Abbildung Verdachtsdiagnosen von Ärzten, welche mit Untersuchungen belegt oder eben abgewiesen wurden. Für das Training der KI wurden tausende dieser Diagnosen genutzt. Darauf aufbauend leitet die KI Regeln ab, die wiederum mit den Patientenakten kombiniert und somit zu einer neuen Datenbank zusammengeführt werden. Die Datenbank wird als „Fully structured database" betitelt (Vgl. *LIANG, H.* et al., 2019, S. 433 ff.). Diese Anwendungsform von Deep Learning kann jedoch zum jetzigen Stand keinesfalls Mediziner gänzlich ersetzen, da unter anderem die Trainingsdaten auf Diagnosen von Ärzten beruhen (Vgl. *ZINKANT, K.*, 2019). Allerdings könnte dies den Arbeitsalltag vieler Mediziner bereits heute vereinfachen.

Zur Standardisierung derartiger Ansätze wurde der Leitfaden DIN SPEC 1328 verfasst. Dieser beschreibt die Nutzung eines Deep-Learning-Bilderkennungssystems. Dabei wird besondere Rücksicht auf die erhöhten Qualitätsmaßstäbe und regulativen Vorgaben in der Medizin gelegt (Vgl. *FABER, F.* et al., 2021, S. 10 f.). Um eine Verschlechterung der Resultate auszuschließen, müssen die Ergebnisse des Algorithmus von Experten bewertet und kontinuierlich überprüft werden (Vgl. *FABER, F.* et al.,

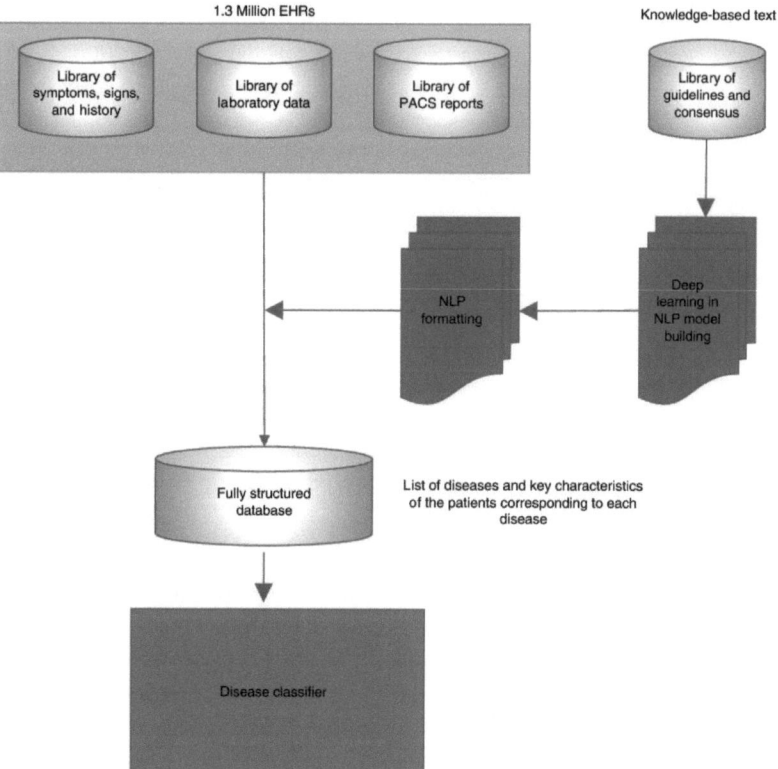

Quelle: *LIANG, H.* et al., 2019, S. 434

Abbildung 2: Workflow-Diagramm einer KI für die pädiatrische Diagnose — Prozess der Datenextraktion aus elektronischen Patientenakten, gefolgt von einer auf Deep Learning basierenden Analyse dieser Daten. Das letztliche Ergebnis ist eine klinische Diagnose für jeden Patienten.

2021, S. 9; Vgl. *TALBOT, S. R.* et al., 2020, S. 1). *THEEK* et al. sprechen davon, dass wir in eine neue Ära der medizinischen Diagnostik und Präzisionsmedizin eintreten (Vgl. *THEEK, B.* et al., 2021, S. 30). Zum einen lassen die folgenden Bildgebungsgeräte die Ausgaben verbessern: Röntgen, Computertomographie (CT), Magnetresonanztomographie (MRT), Ultraschall, Positronenemissionstomographie (PET) und Einzelphotonen-Emissionscomputertomographie (SPECT). Beispiele hierfür wären: Bei einer PET ließe sich die Bildqualität steigern (Vgl. *ZAHARCHUK, G.,* 2019, S. 2700). Während bei einem MRT die Bildqualität, die Genauigkeit und Zuverlässigkeit der Messung verbessert werden könnte (Vgl. *BEYER, T.* et al., 2020, S. 20). Indem herkömmliche Methoden zur Streuungsreduktion (Vgl. *MAIER, J.* et al., 2019, S. 238) und Metallartefaktreduktion (Vgl. *HUANG, X.* et al., 2018, S. 1) durch effektivere Methoden ablöst werden, ließe sich CT verbessern. Außerdem lassen sich neue Hybride-Darstellungen gewinnen, durch die Kombination der einzelnen Bilddaten aus verschiedenen Untersuchungen (Vgl. *THEEK, B.* et al., 2021, S. 30; Vgl. *ZAHARCHUK, G.,* 2019, S. 2700). Dadurch wäre eine bessere Tumorcharakterisierung und eine bessere Langzeitbewertung bzw. Krebsprognose möglich (Vgl. *BEYER, T.* et al., 2020, S. 20). Dabei ist Krebs eine der häufigsten Todesursachen, insbesondere in Ländern, in denen die Population ohnehin eine höhere Lebenserwartung besitzt (Vgl. *WHO, W. H. O.,* 2020). Zwei mit der Realisierung verbundene Herausforderungen sind die Heterogenität der Bilddaten und die Notwendigkeit eines repräsentativen Trainingsdatensatz (Vgl. *FABER, F.* et al., 2021, S. 9 f.). Zur Überwindung der optischen Unterschiede, wie Gewebefärbungen, bietet sich die Methode der Bildregistrierung an (Vgl. *Fraunhofer-Institut für Digitale Medizin (MEVIS)*, 2021a). Obendrein befasst sich das *Fraunhofer-Institut MEVIS* damit wie eine KI trotz kleiner Datenmengen lernen kann (Vgl. *MEVIS*, 2021a). Eine weitere Möglichkeit zur Gewährleistung eines hinreichend großen Trainingsdatensatzes ist die Verwendung von Plattformen im Internet zum Datenaustausch. Die Konzeption einer öffentlichen Datenbank für Kliniken ohne Offenlegung patientensensitiver Daten wird von *HAN* et al. thematisiert (Vgl. *HAN, T.* et al., 2020, S. 1 f.). Bei der Verwendung einer solchen Datenbank zeigten sich die Vorteile durch: Datentransparenz, Zuverlässigkeit, breite Einbindung aller Mitglieder, kontinuierliche Evolution sowie Validierung und Zertifizierung (Vgl. *OVERHOFF, D.* et al., 2021, S. 277). Für derartige Plattformen finden sich bereits Beispiele, welche aktuell realisiert werden. *OVERHOFF* et al. beschäftigen sich mit einer internationalen Plattform für die Radiologie (Vgl. *OVERHOFF, D.* et al., 2021, S. 277). Das *Fraunhofer-Institut MEVIS* will eine Plattform erschaffen, welche mit den Daten aus Kliniken gefüttert werden soll. Auch die zuvor genannte schwierige Qualitätssicherung soll darin mit abgedeckt werden (Vgl. *MEVIS*, 2021b).

Neben der Diagnose gibt es noch die Behandlung von Krankheiten, bei der Medizinprodukte Anwendung finden. In Operationsräumen finden sich bereits die ersten KI Anwendungen, wie zum Beispiel das Robocast-Projekt. Es handelt sich um einen Roboter mit künstlicher Intelligenz, welcher bei einer Tumor-Biopsie assistiert (Vgl. *DE MOMI, E., FERRIGNO, G.*, 2010, S. 715). Dieser führt sämtliche Schritte einschließlich der Entnahme des Tumors durch und wird vom Chirurgen dabei bedient, sodass jede Entscheidung von Maschine und Mensch getroffen wird.

Des Weiteren spielt aber auch die personalisierte Medikation heute und in Zukunft eine wichtige Rolle. Laut Studien helfen die zehn umsatzstärksten Medikamente in den USA nur einem von 25 Personen wirklich (Vgl. *SCHORK, N. J.*, 2015, S. 609). Der aktuelle etablierte Ansatz versucht eine Behandlung für alle zu finden. Zukünftig soll der Einbezug der Patientendaten, wie beispielsweise die Blutgruppe und Gene, eine individuelle Behandlung ermöglichen. Somit wird der herkömmliche Ansatz durch einen stärker personalisierten Ansatz abgelöst. Dies soll Effektivität der Behandlung verbessern sowie den Heilungsprozess beschleunigen (Vgl. *WASEN, K.*, 2012, S. 103). Visuell erklärt dies die Abbildung 3 Die wachsende Quantität und Qualität der Patientendaten bringt jedoch auch Nachteile mit sich, denn die zu evaluierenden Daten erhöhen den Aufwand an Standardisierung und die Auswertung im interdisziplinären Kontext (Vgl. *SCHREIBER, A.* et al., 2020, S. 1026). „Individuelle Therapiestrategien können ohne Computerunterstützung nur schwer bewältigt werden"(Vgl. *SCHREIBER, A.* et al., 2020, S. 1026). In diesem Kontext treten die gleichen Problematiken wie beim Deep-Learning-Bilderkennungssystem auf. Gemeint ist die Heterogenität der Bilddaten und die Notwendigkeit eines repräsentativen Datenbestands. Es sei genannt, dass durch den personalisierten Ansatz der betrachtbare Datenbestand sinkt. Neben umfangreicheren Patientenpopulationen pro Studie sind die oben bereits genannten Lösungen der Problematiken zu betrachten.

Anmerkung der Redaktion: Diese Abbildung wurde aus urheberrechtlichen Gründen entfernt.

Quelle: *BARBEAU, J.*, 2018

Abbildung 3: Personalisierte Medizin — wie Medikamente untersucht werden am Beispiel von Darmkrebs. Aktuell wird versucht eine passende Behandlung für alle Betroffenen zu finden und zukünftig soll es mehr personalisierte Behandlung geben.

5 Entwicklungspotenziale

Behandelt werden in diesem Abschnitt die Entwicklungspotenziale, damit verbunden werden die akut größten Hindernisse angesprochen. Eine nähere Ausführung weiterer Problematiken, wie beispielsweise mehrere Plattformen zum Datenaustausch, würde den Rahmen dieser Arbeit übersteigen. Die Theorien aus Abschnitt 4 wurden ohne vorherige Überprüfung weiterverwendet.

Wie vorher aufgeklärt, steckt der Einsatz von künstlicher Intelligenz in der Medizintechnik noch im Anfangsstadium. Mithilfe von kurzen Innovationszyklen, überdurchschnittlicher Innovationskraft und einem prognostizierten jährlichen Wachstum von 6% werden innovative Patente und Erfindungen die Medizintechnikbranche kontinuierlich vorwärtstreiben (Vgl. *BVMed, B. M.*, 2020, S. 7). Außerdem dringen branchenfremde Unternehmen in die Medizinbranche ein oder kollaborieren mit schon existierenden, was am Beispiel der Kooperation der Kuka AG und Siemens Healthcare zu sehen ist (Vgl. *AG, K.*, 2021). Um innovative Produkte entwickeln zu können, bringen diese beiden das Wissen und die Technologie mit.

Anhand des Beispiels mit der automatisierten Krankheitserkennung in Abschnitt 4 wird schnell deutlich, dass bei der Diagnose schon heute immense Fortschritte erzielt wurden. Durch das Bezuschussen des Arztes mit einer Handvoll möglichen Diagnosen vereinfacht sich die Tätigkeit und die Untersuchungsdauer verkürzt sich. Dies führt zu: einem früheren Behandlungsbeginn und damit eine bessere Aussicht auf Genesung, Ärzte werden entlastet, Diagnoseergebnisse sind immer auf dem aktuellen Stand der Forschung und somit vereinfachen sich auch die Fortbildungen der Ärzte dahingehend. Um die Entscheidungsfindung zu optimieren, müssen die Learning Algorithmen mit weiteren Daten versorgt werden (Vgl. *MIOTTO, R.* et al., 2016, S. 1). Daher sollten medizinische Daten in EHR gesammelt und zugänglich gemacht werden. Heute ist die Nutzung und Verbreitung von EHR durch Datenschutz- und Sicherheitsaspekten eingeschränkt (Vgl. *ALMULHEM, A.*, 2012, S. 2921). Eine vollkommene Freilegung der Daten würde zum gläsernen Patienten führen, was an anderen Stellen ausgenutzt werden könnte (Vgl. *MÜLLER-MIELITZ, S., LUX, T.*, 2016, S. 360). Beispielsweise könnten mit diesen Daten Krankenversicherungs- und Kreditunternehmen Kunden höhere Beträge bzw. Zinsen zahlen lassen, aufgrund eines schlechteren Gesundheitszustands. Mit einer richtigen Nutzung tragen die EHR dazu bei die medizinische Versorgung weltweit zu verbessern. Für die intelligente Behandlung und Krankheitserkennung könnten Gesundheits-, Sozial-, Wirtschafts-, Verhaltens- und Umweltdaten zur Kommunikation und Interpretation verwendet werden (Vgl. *EVANS, R. S.*, 2016, S. 48). Um das Potenzial auszuschöpfen und dabei die Patientendaten entsprechend geheim zu halten, ist eine juristische, einheitliche und länderübergreifende Richtlinien zur Datenverwendung und technischen Umsetzung vonnöten. Die Lösung für diese Herausforderung könnte eine ausgefeilte Anonymisierung sein. Die somit resultierenden Nutzen wären eine starke Verbesserung der Krankheitserkennung und damit auch langfristig die Krankheitsvorbeugung. Dem Zugrunde liegt der größere Datenbestand für die intelligenten und selbstlernenden Algorithmen, welche damit noch genauere Ergebnisse und Vorhersagen prognostiziert können.

Wie im letzten Absatz genannt bringt die Verwendung von EHR auch bei der Vorbeugung von Krankheiten Vorteile mit sich. Die KI würde helfen Diagnosen schneller zu erstellen, aufkommende Krankheiten früher zu erkennen, sowie Fehler zu minimieren. Hinsichtlich der Entwicklungsländer wäre diese Technologie hilfreich, um jedem Menschen einen Zugang zu medizinischer Expertise zu gewährleisten. Jeder Arzt vor Ort könnte durch die schnelleren Diagnosen eine größere Anzahl Patienten behandeln. Ein weiterer Punkt der Vorbeugung wäre die Untersuchung bestimmter Gene. Es ist bekannt, dass beispielsweise bestimmte genetische Varianten und Zusammensetzungen das Risiko einer koronaren Herzkrankheit erhöhen (Vgl. *MEGA, J. L.* et al., 2015, S. 2264). Der Algorithmus könnte die Veranlagung von bestimmten Krankheiten anhand verschiedener Genome erkennen, um vorbeugende Maßnahmen einzuleiten, lange bevor die eigentliche Erkrankung ausbricht. Zukünftig wäre das Verfahren auch auf andere Krankheiten übertragbar. Bei der maschinellen Diagnose von akuten und veranlagten Krankheiten muss die Frage der Schuldzuweisung bei falscher Diagnose geklärt werden. Damit verbunden müssen resultierende Maßnahmen sowie Konsequenzen abgeleitet werden. Um im Schadensfall eindeutige Klarheit und Sicherheit zu haben, müssen dieser und weitere ethische Aspekte definiert und international festgelegt werden. Unter Umständen könnte es für Mediziner und Medizintechnikhersteller weitreichende Folgen haben.

Zum Schluss gilt es potenzielle Entwicklungsmöglichkeiten in der Behandlung aufzuzeigen. Neben in Abschnitt 4 genannten Robotern für Operationen, sind auch Roboter in der Pflege und Rehabilitation denkbar. Diese Carebots helfen einer älter werdenden Bevölkerung und gleichen fehlendes Pflegepersonal aus (Vgl. *CORNET, G.*, 2013, S. 49; Vgl. *HAMET, P., TREMBLAY, J.*, 2017, S. 39). Anwendung fände dies beispielsweise in der Pflege von Patienten mit eingeschränkter Mobilität oder Alzheimer, welche dauerhafte und intensive Betreuung benötigen. Auch wäre diese neue Form der Betreuung standardisierter als jeder Vorgänger. Langfristig würde dies zu einer Reduktion des klinischen Personals führen, da Maschinen Teile der Arbeit verrichten würden. Nach aktuellem Stand wird sich im Augenblick mit der damit verbundenen Ethik befasst (Stand 18.05.2021). Abgesehen von den ethischen Aspekten gilt es eingangs einer standardisierten Methode zur Beurteilung von Robotern und deren Wirkung auf Patienten zu definieren und zu erforschen. Jedoch lässt sich vermuten, dass aufgrund der Arbeitsbedingungen im Pflegebereich Roboter in der medizinischen Behandlung einen immer größeren Einsatz finden werden.

In allen in diesem Abschnitt genannten Forschungen aus Abschnitt 4 war die Ethik eines der Hindernisse. *HAMET, TREMBLAY* beschreiben das Potenzial der KI und die Hemmung der Gesellschaft gegenüber der KI der mit den folgenden Worten: „The biggest apprehension we have is that AI will become so sophisticated that it will surpass human brain capabilities and eventually will take control over our lives. However, if we succeed in creating ethical standards, developing measures of success and effectiveness, making it available to the mainstream, and not only to the Ivy League medical institutions, by making AI tools opensource and userfriendly and of proven clinical utility, then societal benefits will accrue from the use of AI"(Vgl. *HAMET, P., TREMBLAY, J.*, 2017, S. 39). Er spricht damit das größte Hindernis an, die Akzeptanz der Bevölkerung. Das Sprungbrett zum Überwinden des Hindernisses ist die Integration entsprechender ethischer Standards in der Gesellschaft. Dies lässt sich meist nur langsam und mit kleineren Schritten etablieren.

6 Resultat

Die vorliegende Arbeit schafft einen Einblick über den aktuellen Stand der Anwendung von künstlicher Intelligenz in der Medizintechnik, welche anhand der Merkmale von Medizinprodukten untersucht wurde. Aufgrund der formalen Einschränkung und der mit der Thematik verbundenen Komplexität konnte nicht auf alle Aspekte des Einsatzes von KI eingegangen werden. Ausgelassen wurden beispielsweise weitere Vertiefungen von Forschungen, die Vor- und Nachteile des Einsatzes von KI, ethische und rechtliche Aspekte sowie tiefer gehende Analysen miteinzubeziehen oder diese auch nur anzureißen.

Medizintechnik befasst sich mit der Entwicklung und Produktion von medizinischen Produkten. Eine Maschine mit künstlicher Intelligenz in Form von Machine Learning ist dazu in der Lage, Muster zu erkennen und daraus Schlüsse abzuleiten. Als exemplarischer Auszug dieser Seminararbeit lässt sich an dieser Stelle die maschinelle Krankheitserkennung und die personalisierte Behandlung nennen. Durch diese beiden Punkte ist es zukünftig möglich Krankheitsbilder in Sekundenschnelle zu diagnostizieren, somit eine frühere Behandlung einzuleiten, wodurch sich der Patient wahrscheinlicher erholt. Auch werden Diagnose und Behandlung immer auf dem aktuellen Stand der Forschung sein. Für Ärzte vereinfacht sich somit nicht nur der Alltag, sondern auch die Fortbildungen. Zudem ist die Maschine in der Lage sowohl für die Diagnose als auch die Therapie die Patientendaten vollständig mit einzubeziehen. Mit Patientendaten, wie beispielsweise den Genen, lassen sich Veranlagungen frühzeitig erkennen und entsprechende Maßnahmen einleiten. Durch die personalisierte Behandlung sind auch kürzere Heilprozesse zu erwarten. Ein weiterer Vorteil ist die Verbesserung bildgebender Verfahren und die Erzeugung hybrider Darstellungen. Diese ermöglichen beispielsweise eine bessere Tumorerkennung bzw. Krebsprognose. Außerdem ist durch die beiden Punkte der Experte nun digital, wodurch dieser ortsunabhängig fungiert. Es wird also auf der gesamten Welt die Expertise gleichgestellt. Kurz gesagt, es wird eine ganz neue Art der Patientenversorgung ermöglicht. Es sei noch gesagt, dass hier gelistete Forschungen nicht an einer autonomen Lösung arbeiten, sondern die KI Ärzte in Ihrer Tätigkeit unterstützt. Auch kann eine KI in einen Roboter eingesetzt werden. Schon heute werden derartige Roboter zur Tumorentnahme in der Chirurgie eingesetzt. Jedoch gibt es Hindernisse, welche diesen Entwicklungspotenzialen im Wege stehen. Zum einen müssen elektrische Patientenakten (EHR) in bestimmten Bereichen zur Verfügung gestellt werden, was aktuell durch die Datenschutz-Grundverordnung unterbunden wird. Hier müssen weitere Richtlinien ausgearbeitet werden. Zum anderen ist eine Reihe von ethischen Fragen zu beantworten: Wer trägt die Verantwortung, wenn der Algorithmus einen Fehler begeht? Ist der Einsatz von Carebots in Ordnung? Diese Carebots können in der Pflege fehlendes Personal ausgleichen und noch dazu eine nie dagewesene Stufe der Standardisierung in diesem Bereich erreichen. Das letzte und auch größte Hindernis ist die notwendige Akzeptanz der Bevölkerung gegenüber der KI.

Bei der Behandlung werden Mensch und Maschine stetig mehr zusammenarbeiten, wobei langfristig die Maschinen auch Tätigkeiten des Menschen übernehmen. Dies betrifft den Behandlungsraum, den OP-Saal und die Pflege, wobei Vorurteile und Ängste gegenüber KI genommen und Verständnis geschaffen werden muss. Damit werden künftig Daten und deren richtige Verwendung eine noch weitaus wichtigere Rolle zuteil, als dies heute bereits der Fall ist. Durch den technischen Fortschritt und die Forschung wird es weiterhin ganz neue Anwendungsfelder für künstliche Intelligenzen geben, die für uns aktuell noch unerreichbar scheinen. Dabei gleichermaßen Vor- und Nachteile zu berücksichtigen ist von größter Bedeutung. Mit entsprechenden Grenzen und einer ethisch korrekten Nutzung der Technologien wird eine Akzeptanz in der Bevölkerung möglich, was wiederum einen nachhaltigen Wandel und positiven Einfluss auf die Welt ermöglicht.

Anhang

Anhang 1: Recherche-Informationen

Dieser Anhang ergänzt Abschnitt 2 und dient dazu weitere Informationen zur Recherche zu liefern.

Publikationssprachen:	Deutsch und Englisch
Veröffentlichungszeitraum:	2000 bis 2021
Publikationssprachen:	Academic Journals, Bücher, Reports und Internetquellen
verwendete Datenbanken:	WISO
	EBSCO
	SpringerLink
	Google Books
	Google Scholar
	Google
	Scientific Publications des Fraunhofer-Instituts MEVIS
Suchbegriffe:	methodik schreiben
	literaturarbeit
	recherche
	deduktive analyse methoden
	logik der forschung
	karl popper zitate
	medizintechnik stand technik
	what is the potential of artificial intelligence in healthcare?
	medical treatment artificial intelligence
	surgery artificial intelligence - google scholar
	op durch künstliche intelligenz
	behandlung von krankheiten durch künstliche intelligenz
	ai in 2030
	erkennung von krankheiten durch künstliche intelligenz
	zusammenhang ki und machine learning
	real-time analysis of healthcare using ai
	ai medical engineering
	machine learning medical engineering
	ai predictions for healthcare sector
	predictive maintenance
	medizintechnik
	künstliche intelligenz diagnostik
	künstliche intelligenz medizintechnik
	worlds most deadliest disease
	größe der medizintechnikbranche deutschland
	potential ai in the medical sector
	digitale transformation medizintechnik
	verily predictive healthcare
	algorithmus zur bestimmung von krankheiten
	what is predictive maintenance
	turing test
	robots in medicine
	kuka medizin

electronical health records
ehrs and ai
genetic diseases and prevention

Außerdem wurden die Forschungsinhalte aus den letzten beiden Jahren des Fraunhofer-Institut MEVIS berücksichtigt, dem Institut für digitale Medizin. Hinzukamen Literaturempfehlungen aus den Modulen Projektseminar und wissenschaftliche Methodik.

Literaturverzeichnis

ALMULHEM, Ahmad (2012): Threat Modeling for Electronic Health Record Systems, in: Journal of Medical Systems 36 (2012), Nr. 5, S. 2921–2926

BAUER, Mirjam, REITER, Michael (2018): Künstliche Intelligenz revolutioniert Diagnostik und Therapie. Selbstlernende Systeme optimieren Präzision und Personaleinsatz. In: KU Gesundheitsmanagement (2018), S. 60

BEYER, Thomas, BIDAUT, Luc, DICKSON, John, et al. (2020): What scans we will read: imaging instrumentation trends in clinical oncology, in: Cancer Imaging 20 (2020), Nr. 1

BMWi, Bundesministerium für Wirtschaft und Energie (2018): Gesundheitswirtschaft Fakten und Zahlen Länderergebnisse der Gesundheitswirtschaftlichen Gesamtrechnung Ausgabe 2017, Report, Berlin, 2018, URL: https://www.bmwi.de/Redaktion/DE/ Publikationen/Wirtschaft/gesundheitswirtschaft-fakten-zahlen-laenderergebnisse. pdf?__blob=publicationFile&v=14 [Zugriff: 2021-04-17]

BÖRGERMANN, Christof, VOM DORP, Frank, BREUER, Gereon, et al. (2010): Früherkennung von Prostatakarzinomen, in: Der Urologe 49 (2010), Nr. 11, S. 1351–1355

BVMed, Bundesverband Medizintechnologie (2020): Branchenbericht Medizintechnologien, Report, Berlin, 2020, URL: https://www.bvmed.de/download/bvmed-branchenbericht-medtech.pdf [Zugriff: 2021-04-17]

CORNET, Gérard (2013): Robot companions and ethics: A pragmatic approach of ethical design, in: Journal international de bioéthique 24 (2013), Nr. 4, S. 49–58

DE MOMI, Elena, FERRIGNO, Giancarlo (2010): Robotic and artificial intelligence for keyhole neurosurgery: The ROBOCAST project, a multi-modal autonomous path planner, in: Proceedings of the Institution of Mechanical Engineers, Part H: Journal of Engineering in Medicine 224 (2010), Nr. 5, S. 715–727

ERTEL, Wolfgang, BLACK, Nathanael T. (2018): Introduction to Artificial Intelligence, Berlin Heidelberg: Springer International Publishing, 2018

EVANS, R. Scott (2016): Electronic Health Records: Then, Now, and in the Future, in: Yearbook of Medical Informatics 25 (2016), Nr. S 01, S48–S61

FABER, Felix, BARTELS, Nora, PÄPPER, Marc, et al. (2021): Leitfaden für die Entwicklung von Deep-Learning-Bilderkennungssystemen in der Medizin / Guideline for the development of deep learning image recognition systems in medicine (DIN SPEC 13288), Berlin: Beuth Verlag, 2021

HAMET, Pavel, TREMBLAY, Johanne (2017): Artificial intelligence in medicine, in: Metabolism 69s (2017), S. 36–40

HAN, Tianyu, NEBELUNG, Sven, HAARBURGER, Christoph, et al. (2020): Breaking medical data sharing boundaries by using synthesized radiographs, in: Science Advances 6 (2020), Nr. 49, S. 1–11

HUANG, Xia, WANG, Jian, TANG, Fan, et al. (2018): Metal artifact reduction on cervical CT images by deep residual learning, in: BioMedical Engineering OnLine 17 (2018), Nr. 1

LIANG, Huiying, TSUI, Brian Y., NI, Hao, et al. (2019): Evaluation and accurate diagnoses of pediatric diseases using artificial intelligence, in: Nat Med 25 (2019), Nr. 3, S. 433–438

MAIER, Joscha, EULIG, Elias, VÖTH, Tim, et al. (2019): Real-time scatter estimation for medical CT using the deep scatter estimation: Method and robustness analysis with respect to different anatomies, dose levels, tube voltages, and data truncation, in: Med Phys 46 (2019), Nr. 1, S. 238–249

MEGA, Jessica L., STITZIEL, Nathan O., SMITH, J. Gustav, et al. (2015): Genetic risk, coronary heart disease events, and the clinical benefit of statin therapy: an analysis of primary and secondary prevention trials, in: The Lancet 385 (2015), Nr. 9984, S. 2264–2271

MIOTTO, Riccardo, LI, Li, KIDD, Brian A., et al. (2016): Deep Patient: An Unsupervised Representation to Predict the Future of Patients from the Electronic Health Records, in: Scientific Reports 6 (2016), Nr. 1, S. 26094

MITCHELL, Tom M. (1997): Machine Learning, New York: McGraw-Hill, 1997

MÜLLER-MIELITZ, Stefan, LUX, Thomas (2016): E-Health-Ökonomie, Wiesbaden: Springer Fachmedien, 2016

NILSSON, Nils J. (2009): The Quest for Artificial Intelligence, Cambridge: Cambridge University Press, 2009

OVERHOFF, Daniel, KOHLMANN, Peter, FRYDRYCHOWICZ, Alex, et al. (2021): The International Radiomics Platform – An Initiative of the German and Austrian Radiological Societies – First Application Examples, in: RöFo - Fortschritte auf dem Gebiet der Röntgenstrahlen und der bildgebenden Verfahren 193 (2021), Nr. 03, S. 276–288

PINAR SAYGIN, Ayse, CICEKLI, Ilyas, AKMAN, Varol (2000): Turing Test: 50 Years Later, in: Minds and Machines 10 (2000), Nr. 4, S. 463–518

POPPER, Karl R. (1973): Logik der Forschung, Tübingen: J.C.B. Mohr (Paul Siebeck), 1973

SCHNEIDER, Frank, WEILLER, Cornelius (2018): Big Data und künstliche Intelligenz, in: Der Nervenarzt Ausgabe 8/2018 (2018), S. 859–860

SCHORK, Nicholas J. (2015): Personalized medicine: Time for one-person trials, in: Nature (2015), S. 609–611, [Zugriff: 2021-04-17]

SCHREIBER, Andreas, HAHN, Horst, WENZEL, Markus, et al. (2020): Künstliche Intelligenz, in: Der Urologe 59 (2020), Nr. 9, S. 1026–1034

TALBOT, Steven R., BRUCH, Stefan, KIEßLING, Fabian, et al. (2020): Design of a joint research data platform: A use case for severity assessment, in: Laboratory Animals 54 (2020), Nr. 1, S. 33–39

THEEK, Benjamin, MAGNUSKA, Zuzanna, GREMSE, Felix, et al. (2021): Automation of data analysis in molecular cancer imaging and its potential impact on future clinical practice, in: Methods 188 (2021), S. 30–36

WASEN, Kristian (2012): Emerging Health Technology: Relocation of Innovative Visual Knowledge and Expertise, Berlin Heidelberg: Springer, 2012

WILDE, Thomas, HESS, Thomas (2007): Forschungsmethoden der Wirtschaftsinformatik, in: WIRTSCHAFTSINFORMATIK 49 (2007), Nr. 4, S. 280–287

ZAHARCHUK, Greg (2019): Next generation research applications for hybrid PET/MR and PET/CT imaging using deep learning, in: European Journal of Nuclear Medicine and Molecular Imaging 46 (2019), Nr. 13, S. 2700–2707

ZHOU, Xiaojun, XI, Lifeng, LEE, Jay (2007): Reliability-centered predictive maintenance scheduling for a continuously monitored system subject to degradation, in: Reliability Engineering and System Safety 92 (2007), Nr. 4, S. 530–534, [Zugriff: 2021-04-17]

Internetquellen

AG, KUKA (2021): Partner und Referenzen, online, Augsburg, <https://www.kuka.com/de-de/branchen/healthcare/partner> (2021) [Zugriff: 2021-04-24]

BARBEAU, Jody (2018): PDX and Personalized Medicine, online, San Diego, <https://blog.crownbio.com/pdx-personalized-medicine#_vom> (2018) [Zugriff: 2021-04-17]

BfArM, Bundesinstitut für Arzneimittel und Medizinprodukte (2013a): Medizinprodukte Ausgewählte Themen - verständlich und transparent, online, Köln, <https://www.bfarm.de/DE/Buerger/Medizinprodukte/_node.html> (2013) [Zugriff: 2021-04-17]

BfArM, Bundesinstitut für Arzneimittel und Medizinprodukte (2013b): Medizinprodukte Risiken bewerten - Patienten schützen, online, Köln, <https://www.bfarm.de/DE/Medizinprodukte/_node.html> (2013) [Zugriff: 2021-04-17]

COPELAND, Michael V. (2019): Deep Learning Explained, online, Santa Clara, <https://www.nvidia.com/content/dam/en-zz/Solutions/deep-learning/home/DeepLearning_eBook_FINAL.pdf> (2019) [Zugriff: 2021-04-17]

LUBER, Stefan (2016): Was ist Machine Learning? , online, Augsburg, <https://www.bigdata-insider.de/was-ist-machine-learning-a-592092/> (2016) [Zugriff: 2021-04-17]

MEVIS, Fraunhofer-Institut für Digitale Medizin (2021a): KI in der personalisierten Pathologie: Lernen mit kleinen Datenmengen, online, Bremen, <https://www.mevis.fraunhofer.de/de/business-areas/ki-in-der-personalisierten-pathologie--lernen-mit-kleinen-datenmengen.html> (2021) [Zugriff: 2021-04-18]

MEVIS, Fraunhofer-Institut für Digitale Medizin (2021b): Werkzeuge für KI-Kollaborationen, online, Bremen, <https://www.mevis.fraunhofer.de/de/research-and-technologies/werkzeuge-fuer-ki-kollaborationen.html> (2021) [Zugriff: 2021-04-18]

NLM, National Library of Medicine (2019): Trends, Charts, and Maps, online, Maryland, <https://clinicaltrials.gov/ct2/resources/trends> (2019) [Zugriff: 2021-04-18]

SCHÄFER, Kathrin (2018): Was ist Medizintechnik? Definition, Beispiele und Karriere, online, Würzburg, <https://www.devicemed.de/was-ist-medizintechnik-definition-beispiele-und-karriere-a-685944/> (2018) [Zugriff: 2021-04-17]

WHO, World Health Organization (2020): The Top 10 Causes of Death, online, Geneva, <https://www.who.int/news-room/fact-sheets/detail/the-top-10-causes-of-death> (2020) [Zugriff: 2021-04-18]

ZINKANT, Kathrin (2019): KI auf der Kinderstation, online, München, <https : / / www. sueddeutsche.de/gesundheit/ki-kuenstliche-intelligenz-medizin-1.4326650> (2019) [Zugriff: 2021-04-18]

Gender Erklärung

Aus Gründen der besseren Lesbarkeit wird in dieser Studienarbeit die Sprachform des generischen Maskulinums angewendet. Es wird an dieser Stelle darauf hingewiesen, dass die ausschließliche Verwendung der männlichen Form geschlechtsunabhängig verstanden werden soll. Der Austausch des Begriffs der Ärztin bzw. des Arztes durch Begriffe wie der Diagnostizierende wäre dem Verständnis nicht zugute gekommen, weshalb der Einfachheit haltbar das generische Maskulinum Anwendung findet.